Théâtre de l'Académie Royale de Musique.

CARMAGNOLA

Opéra en deux Actes,

Paroles de M. E. Scribe, de l'Académie française,

MUSIQUE DE M. AMBROISE THOMAS,

DÉCORATIONS DE M. CICERI,

Représenté pour la première fois sur le théâtre de l'Académie Royale de Musique, le 19 avril 1841.

PARIS.

BECK, ÉDITEUR,

Rue du Cimetière-Saint-André-des-Arcs, 15.

1841.

CARMAGNOLA,

OPÉRA EN DEUX ACTES,

PAROLES DE M. E. SCRIBE

(DE L'ACADÉMIE FRANÇAISE);

MUSIQUE DE M. AMBROISE THOMAS;

DÉCORATIONS DE M. CICÉRI;

Représenté pour la première fois
SUR LE THÉATRE DE L'ACADÉMIE ROYALE DE MUSIQUE,
Le 19 avril 1841.

PARIS,
BECK, ÉDITEUR,
RUE DU CIMETIÈRE SAINT-ANDRÉ-DES-ARTS, 13.

1841.

PERSONNAGES.	ACTEURS.
CARMAGNOLA,* général de Venise, sous le nom de RIPARDA.....	M. DERIVIS.
CASTRUCCIO, gouverneur de Brescia.........................	M. FERDINAND PRÉVOST.
LUCREZIA, sa femme.......................................	Mlle DOBRÉ.
STENIO, jeune marin......................................	M. MARIÉ.
BRONZINO, condottière....................................	M. MASSOL.
NIZZA, jardinière du palais................................	Mme DORUS-GRAS.

CHŒUR DE DAMES DE LA COUR.
CHŒUR DE PEUPLE.
CHŒUR DE CONDOTTIERI.

La scène se passe en Lombardie, à Brescia, en 1426.

---

* Carmagnola, né dans le Piémont, de parens obscurs, dont le métier était de garder les pourceaux, fut d'abord valet, puis simple condottière, puis officier de fortune. — Marie Visconti, duc de Milan, l'éleva successivement aux plus hautes dignités militaires; en retour, Carmagnola l'affermit sur son trône chancelant, dissipa les factieux, conquit la Lombardie, et soumit les Génois. Mais sujet trop puissant, il excita la défiance de son souverain, qui voulut le faire périr. Carmagnola s'échappa de Milan, en 1425, et, suivi d'une partie de ses condottieri, qui lui étaient dévoués, il se rendit à Venise, où on lui offrit le pouvoir. Devenu général de l'armée vénitienne, il fit changer la fortune ; il ouvrit la campagne par le siége et la prise de Brescia, enleva une partie du Milanais, etc., etc.

Imprimerie de Madame DE LACOMBE, rue d'Enghien, 12.

CARMAGNOLA,

OPÉRA EN DEUX ACTES.

ACTE I.

Le théâtre représente une terrasse des jardins du gouverneur de Brescia. On découvre au loin la campagne et les principaux édifices de la ville. A gauche, le palais du gouverneur.

SCÈNE I.

Au lever du rideau, CASTRUCCIO, gouverneur de Brescia, LUCREZIA, sa femme; le Marquis de RIPARDA, seigneur espagnol, des SEIGNEURS et DAMES DE LA VILLE sont assis au milieu des jardins, des dames jouent du luth ou de la mandoline; d'autres prennent des glaces et des sorbets; des cavaliers jouent aux échecs ou aux dés; des pages, placés derrière les dames, agitent de larges éventails pour leur donner de l'air.

CHOEUR.

Loin de la guerre et de l'orage,
Et loin des feux brûlans du jour,
Que sous ce dôme de feuillage
Règnent les plaisirs et l'amour!

LUCREZIA.

O fortunés rivages!
Séjour aimé des dieux!
Sous ton ciel sans nuages,
Vivre, c'est être heureux!
Qui t'a vue, Italie,
Te nomme ses amours!
Et, comme sa patrie,
Veut te revoir toujours!

CHOEUR.

Loin de la guerre et de l'orage,
Et loin des feux, etc.

(A la fin de ce chœur, un officier arrive et salue profondément Castruccio, le gouverneur, qui va à lui; pendant qu'ils causent ensemble, tout le monde se lève.)

SCÈNE II.

A droite, le Marquis de RIPARDA, causant avec LUCREZIA et plusieurs dames; à gauche, CASTRUCCIO, causant avec l'officier, qu'il congédie.

RIPARDA, se levant.

Monseigneur Castruccio, gouverneur de Brescia,
Quelle nouvelle?

CASTRUCCIO.

Une fort effrayante!

LUCREZIA.

Vraiment!

RIPARDA.

Y pensez-vous? la belle Lucrezia,
Votre femme, est déjà d'effroi toute tremblante!

LUCREZIA, d'un air aimable, et le regardant.

Non, monsieur le Marquis, quel que soit le danger!
Il est tel cavalier, dont la seule présence
 Suffirait pour nous protéger!

RIPARDA, vivement.

Trop heureux si pour vous et pour votre défense.

LUCREZIA, l'interrompant, et s'adressant à Castruccio.

Mais ces dames et moi, mourons d'impatience,
Parlez, de grâce!

CASTRUCCIO.

Eh bien! ici même, à Brescia,
S'est introduit, dit-on, et pour quelque entreprise,
Le terrible Carmagnola!

LUCREZIA.
Le général de Venise !
CASTRUCCIO.
De notre maître Visconti,
Jadis le défenseur, maintenant l'ennemi !
RIPARDA.
Son armée est, dit-on, sous les murs de Vérone,
Attendant des renforts !
LUCREZIA.
Et pour qu'il l'abandonne,
Quel motif peut avoir ce chef si redouté ?
CASTRUCCIO.
Fameux par ses amours, ardent pour la beauté !
On parle d'une dame, à laquelle il veut plaire...
LUCREZIA.
Pour elle, il braverait les chances de la guerre,
Et viendrait en nos murs, au risque d'être pris ?
RIPARDA, souriant.
Un pareil dévoûment prouve un cœur bien épris !
CASTRUCCIO.
Je n'y vois qu'un hasard, qui peut nous être utile !
Pour moi, quel coup du sort, si je peux le saisir !
RIPARDA.
Le connaissez-vous ?
CASTRUCCIO.
Non ; jamais en cette ville
Il n'est venu !.. — Mais, politique habile,
Je sais le seul moyen qui puisse réussir !
(Regardant autour de lui.)
Que l'on appelle un secrétaire...
RIPARDA.
Trop heureux de vous en servir !
CASTRUCCIO.
Trop de bontés !..
(Castruccio et Riparda entrent un instant dans le palais à gauche.

SCÈNE III.

LES MÊMES, NIZZA, arrivant à droite, et portant une corbeille de fleurs.

LUCREZIA.
C'est notre jardinière...
Qui peut donc ainsi te troubler ?
NIZZA.
Je viens offrir, à Votre Altesse,
Les fleurs de nos jardins.
LUCREZIA.
D'où vient cette tristesse,
Et ces pleurs ?..
NIZZA.
Ah ! je n'ose !
LUCREZIA.
Allons, il faut parler !

NIZZA.

COUPLETS.

PREMIER COUPLET.

De la grand' tour de cette ville,
Beppo, mon père, est le geolier !
A ses ordres, je suis docile,
Mais il prétend me marier !
Il veut choisir... mais pour lui-même !
Il veut de l'or !.. c'est l'or qu'il aime !
Moi, j'y tiens peu... voilà pourquoi,
Le cœur, hélas ! plein de tristesse,
Je venais dire à Votre Altesse :
    Protégez-moi !
    Protégez-moi !

DEUXIÈME COUPLET.

Tous les soirs, et sous ma fenêtre,
Vient un jeune et bel inconnu,
Et rien qu'en le voyant paraître,
Malgré moi, mon cœur est ému !
Il ne dit rien de sa richesse,
Mais il parle de sa tendresse !
Et moi, j'y crois... Voilà pourquoi,
Le cœur, hélas ! plein de tristesse,
Je venais dire à Votre Altesse :
    Protégez-moi !
    Protégez-moi !

(Castruccio et Riparda sortent en ce moment du palais à gauche. Castruccio tient à la main un papier, qu'il lit. Riparda s'approche de la corbeille de fleurs, qui est restée sur la table, à droite, et y jette un billet.)

CASTRUCCIO, sur le devant du théâtre, lisant sa proclamation.

« Six mille écus en or à qui pourra
 » Découvrir, reconnaître,
 » Et livrer en nos mains le traître,
 » L'audacieux comte Carmagnola ! »
(A un de ses officiers.)
Publiez cet écrit par la ville !

LUCREZIA, qui, de l'autre côté, a parlé à Nizza.
A merveille !
De ton père on saura désarmer la rigueur !
Mais voyons, avant tout, les fleurs de ta corbeille.
(Nizza va reprendre sa corbeille sur la table, à droite, et la présente à Lucrezia.)
Les beaux bouquets !
CASTRUCCIO, s'approchant.
Quelle fraîcheur !
(Prenant un bouquet de roses qu'il regarde.)
Dieu ! que vois-je ? un billet ! un billet à ma femme !
LUCREZIA.
Y pensez-vous ?
CASTRUCCIO.
Eh ! oui, Madame !
(Lisant l'adresse.)
« A la belle Lucrezia ! »
Bien plus...

LUCREZIA.
Quoi donc?

CASTRUCCIO, qui a ouvert le billet.
Signé Comte CARMAGNOLA!

(Lisant.)

« J'expose pour vous voir, des jours qui sont à vous,
» Madame, et votre auguste époux,
» Pour m'éloigner, prend un soin inutile!
» A vous, ainsi qu'à lui, j'en donne ici ma foi,
» Je ne quitterai cette ville,
» Que lorsque vous serez à moi! »

ENSEMBLE.

TOUS.

Grand Dieu! quelle audace!
Pour lui, point de grace;
D'un époux jaloux,
Qu'il craigne le courroux!

CASTRUCCIO.

Ah! grand Dieu! quelle audace!
Oui, pour lui, point de grace!
Qu'il craigne mon courroux,
Et mes transports jaloux!

CASTRUCCIO.

Qu'on redouble de soins, pour s'emparer de lui,
Au nom de notre Duc, au nom de Visconti.

CHOEUR.

Nous devons à notre maître,
Notre épée et notre bras;
Cherchons, poursuivons le traître,
Et jurons tous son trépas!

(Ils sortent tous en désordre. Le marquis de Riparda offre la main à Lucrezia. — Ils rentrent au palais, et Nizza accompagne sa maîtresse. — La nuit est venue.)

SCÈNE IV.

STENIO, sortant d'un bosquet à droite, et s'avançant avec précaution; puis BRONZINO.

STENIO.

O nuit, à mes désirs propice,
Redouble tes voiles épais;
Et de ton ombre protectrice,
Cache mes vœux et mes projets.

BRONZINO, enveloppé dans son manteau, et sortant du bosquet à gauche.

O nuit, à mes désirs propice,
Redouble tes voiles épais;
Et de ton ombre protectrice,
Cache mes vœux et mes projets.

STENIO, écoutant.
J'entends marcher!..

BRONZINO.
Oui... quelqu'un dans la nuit,
Dans ces jardins... et m'observe et me suit.

ENSEMBLE, à part.

Oh! je punirai son audace,
S'il prétend surveiller mes pas!..
(Avec impatience.)
Il ne veut pas céder la place,
Allons, il ne s'en ira pas!..

BRONZINO, brusquement à Stenio, qu'il rencontre.
Que voulez-vous?

STENIO, de même.
Qui vous amène?

BRONZINO.
Étranger!

STENIO.
Moi de même.

BRONZINO.
Ici, je me promène.

STENIO.
Dans les jardins du gouverneur,
Chacun peut prendre l'air!

BRONZINO.
Excusez-moi, Seigneur!

(Tous les deux se saluent en traversant le théâtre, et continuent leur promenade.)

ENSEMBLE.

Dans ses projets, il est tenace,
Il prétend surveiller mes pas!
Il ne veut pas céder la place!
Allons! il ne s'en ira pas!

STENIO, avec impatience, et s'avançant vers lui d'un air hautain.

J'aime la solitude!

BRONZINO, de même.
Et j'ai les mêmes goûts!

STENIO.
Vous êtes amoureux?

BRONZINO, froidement.
Non, Monseigneur! Et vous?
Parlez! puis-je servir un galant rendez-vous?

STENIO.
En me cédant la place.

BRONZINO.
Alors, de la franchise!

(La lune commence à paraître et à éclairer les jardins, qui, dès ce moment, cessent d'être dans l'obscurité.)

STENIO.
Étranger et marin, pour la belle Venise,
Demain, au point du jour, il me fallait partir
Sans or...

BRONZINO.
C'est comme moi!

STENIO.
Sans espoir!

BRONZINO.
Moi de même

STENIO.
Et ne pouvant jamais obtenir ce que j'aime,
A ses pieds, cette nuit, ici je veux mourir!

BRONZINO, regardant les fenêtres du Gouverneur.
J'entends! c'est aussi mon système!
Moi, je suis condottière, et ma bourse est à sec,
Je prétends, à tout prix, réparer cet échec,
Ou périr comme toi!.. Je meurs pour qui me paie!
Et pour gagner de l'or, il n'est rien qui m'effraie!

STENIO.
Eh! que veux-tu donc faire?

BRONZINO.
Enlever cette nuit,
De notre gouverneur, la riche orfévrerie!
A nous deux, compagnon, si le coup te sourit!

STENIO, avec indignation.
Tu m'oses proposer...

BRONZINO.
De risquer notre vie
Pour t'enrichir!.. Vois.

STENIO.
Bandit!

BRONZINO.
Séducteur!
(Montrant les fenêtres du palais.)
Que je livre à l'instant aux mains du Gouverneur!

STENIO, vivement.
Tais-toi!

BRONZINO.
J'ai ton secret!

STENIO.
Je possède le tien!

BRONZINO.
Eh bien! que la tombe le garde!
(Tirant son épée.)
Et je n'en connais qu'un moyen!

STENIO, tirant la sienne.
En garde! en garde!..

BRONZINO.
O mon épée!

STENIO.
O mon amie!

TOUS DEUX.
A toi seule, je me confie!

BRONZINO.
Dieu des combats, dieu des hasards!

STENIO.
Protége-moi de tes regards!

ENSEMBLE.
Allons, en garde!..
Défends tes jours;
Que Dieu te garde
Aide et secours!
Courage et gloire
A tous les deux,
Et la victoire
Au plus heureux!

(Au moment où ils vont croiser le fer, on entend en dehors, au pied de la terrasse, publier à son de trompe, la proclamation écrite par le Gouverneur. Les deux combattans s'arrêtent et écoutent.)

LE CRIEUR, en dehors.
Six mille écus en or, à qui pourra
Découvrir, reconnaître,
Et nous livrer le traître,
L'audacieux comte Carmagnola.

STENIO et BRONZINO, répétant.
Six mille écus en or, etc.

STENIO.
C'est sa mort qu'on proclame, et qu'ici l'on ordonne!

BRONZINO, froidement.
Je ne le connais pas!

STENIO.
Moi non plus!

BRONZINO.
Ni personne!

STENIO, se mettant en garde.
Allons, continuons!

BRONZINO, réfléchissant,
Un seul instant!

STENIO.
Eh quoi!
Tremblerais-tu?

BRONZINO.
Non pas! une autre idée... écoute?
Tu consens à mourir?

STENIO.
Tu le vois!

BRONZINO.
Comme moi,
Tu donnerais tes jours, même pour rien?

STENIO.
Sans doute!

BRONZINO, froidement.
Autant vaut les risquer, et pour six mille écus!
Ce guerrier redouté, ce général habile,
Carmagnola, jamais ne vint dans cette ville;
Comme lui, tous les deux, étrangers, inconnus,
Puisqu'il nous est égal de mourir ou de vivre,
Que l'un soit ce héros! et que l'autre le livre!

STENIO, étonné.
Que dit-il?..

BRONZINO.
A ton tour, tremblerais-tu déjà?..
Décidons qui de nous, sera Carmagnola!
A lui, les fers... la mort!.. A l'autre, la richesse,
Et le pouvoir alors, d'épouser sa maîtresse!

STENIO, vivement.
J'accepte!..

BRONZINO.
A l'instant!

STENIO, lui tendant la main.
Touche là!

BRONZINO.
O mon étoile !

STENIO.
O mon amie !

ENSEMBLE.
A toi seule, je me confie !

STENIO.
Dieu des amans !

BRONZINO.
Dieu des hasards,

ENSEMBLE.
Protége-moi de tes regards !..
Que Dieu me garde
Ou non la mort,
Je me hasarde
Aux coups du sort !
Audace et gloire
A tous les deux,
Et la victoire
Aux plus heureux !

STENIO.
De l'astre des nuits qui s'élève,
Les rayons pâles et tremblans
Nous guideront !

BRONZINO.
Sur moi, joueur des plus prudens,
J'ai toujours là, des dés !

STENIO.
Que notre sort s'achève !
Donne !

BRONZINO, l'arrêtant.
Encor un instant ! Quel que soit donc celui
Que, pour Carmagnola, le sort fatal désigne,
Jurons tous deux ici...

STENIO.
Que de ce noble titre, il se montrera digne.

BRONZINO.
Qu'aux yeux de tous, lui-même conviendra
Qu'il est bien Carmagnola.

STENIO, montrant une madone, près du bosquet, à droite.
Oui, devant cette image sainte,
Jurons... que sans pâlir, subissant son arrêt...

BRONZINO.
Ni les supplices, ni la crainte,
Ne lui feront jamais trahir notre secret.

ENSEMBLE.
Jurons ! jurons !
Que le destin choisisse,
J'obéis sans trembler !
Le fer ni le supplice
Ne me feront parler !
Par le ciel qui m'entend,
Par l'enfer et Satan,
Au prix de tout mon sang,
Je tiendrai mon serment !

(Ils se mettent tous deux près d'une table du jardin et commencent à rouler des dés.)

STENIO, gaîment.
Allons !.. au plus haut point le nom de général.

BRONZINO.
Et la mort !..

STENIO.
Qu'importe ? Commence !

BRONZINO, prenant les dés et les roulant sur la table.
Cinq et six !..

STENIO.
Onze points !

BRONZINO, tristement.
Un hasard infernal,
D'être pendu me donne ici la chance.
(Regardant les dés que Stenio vient de rouler.)
Non !..
(Avec joie.)
Douze points !

STENIO, accablé.
O ciel !.

BRONZINO, ôtant sa toque avec respect.
A vous l'honneur,
Comte Carmagnola, mon maître et mon seigneur !

STENIO.
Destin, à tes caprices,
J'obéis sans trembler !
Le fer ni les supplices
Ne me feront parler !
Par le ciel qui m'entend,
Par l'enfer et Satan,
Au prix de tout mon sang,
Je tiendrai mon serment !
Oui, de l'honneur je suis esclave.
Dispose de ma vie ou de ma liberté !
Je suis prêt.

BRONZINO, le regardant.
Ah ! c'est un brave !
Mais, c'est juste !.. Voilà comme j'aurais été !
Ta main, mon camarade !

STENIO, la lui donnant.
Eh bien !
Qu'attends-tu, maintenant?

BRONZINO.
Rien !
(Il va sonner une cloche d'alarme qui est à la porte du palais.)

SCÈNE V.

LES MÊMES, foule du peuple qui accourt avec des flambeaux ; CASTRUCCIO, LUCREZIA, RIPARDA, NIZZA et les seigneurs sortant du palais.

FINAL.

CHOEUR.
C'est le tocsin !.. c'est la cloche d'alarmes
Qui, dans nos murs, soudain a retenti !

Aux armes !.. citoyens, aux armes !..
Est-ce le fer, la flamme ou l'ennemi ?
BRONZINO, s'adressant à Castruccio.
Gouverneur de cette ville,
Tu viens de proclamer, de promettre un trésor
A celui qui pourrait, par quelque ruse habile,
Livrer Carmagnola...
CASTRUCCIO.
Je le promets encor !
BRONZINO.
Eh bien ! je crois avoir su découvrir ce traître !
RIPARDA, à part.
O ciel !
CASTRUCCIO, à demi-voix, à Riparda.
Qu'en dites-vous ?
RIPARDA, à demi-voix et froidement, à Castruccio et à Lucrezia.
Qu'il se trompe peut-être,
Et nous le verrons bien, car, moi, je le connais !
LUCREZIA.
Vous, M. le Marquis ?
RIPARDA.
J'ai présens tous ses traits !
CASTRUCCIO, à Bronzino.
Achève... Où donc est-il ?
BRONZINO, montrant Stenio.
Il est devant vos yeux !
Le voici !..
TOUS.
Grands dieux !

ENSEMBLE.

RIPARDA.
O l'heureuse méprise !
O hasard imprévu !
De joie et de surprise,
Je reste confondu.
NIZZA.
O terreur ! ô surprise !
C'était mon inconnu.
D'effroi mon cœur se brise.
C'est lui, je l'ai revu !
CASTRUCCIO.
Le sort me favorise,
O succès imprévu !
De joie et de surprise,
Je reste confondu.
BRONZINO.
Bravo ! notre entreprise
A le succès prévu ;
Le sort me favorise :
Le voilà reconnu.

CASTRUCCIO, montrant Stenio.
De lui que l'on s'assure ! et quand j'aurai la preuve
Que c'est bien lui,...
BRONZINO.
Faut-il un témoin plus formel ?

STENIO, s'avançant.
Epargnez-vous, Seigneur, une inutile épreuve :
C'est moi ! je suis celui que vous cherchez.
RIPARDA, à part, avec étonnement.
O ciel !

ENSEMBLE.

RIPARDA.
Qui donc peut-il être ? etc.
CASTRUCCIO.
De lui je suis maître, etc.
TOUS.
C'est lui ! c'est ce traître, etc.

BRONZINO, à Castruccio.
Hésitez-vous encor ?
CASTRUCCIO,
Non, vraiment, et voici
(Montrant Riparda.)
Un illustre seigneur... un noble... un grand d'Espagne
Qui le connaît beaucoup ?..
RIPARDA, froidement,
J'ai servi près de lui !
STENIO, bas à Bronzino.
C'est fait de nous !
BRONZINO, à part.
Et la frayeur me gagne.
CASTRUCCIO, à Riparda, lui montrant Stenio.
Eh bien ?..
BRONZINO, à part.
Adieu mon rêve et mes beaux écus d'or !
RIPARDA, s'avançant et examinant Stenio.
A ses traits... et plus encor
A son audace...
TOUS.
Eh bien ?
RIPARDA.
J'avais déjà
Sans peine reconnu le fier Carmagnola.
STENIO et BRONZINO, stupéfaits
O surprise !..
RIPARDA, à part.
O bonheur !
NIZZA.
De terreur, je frémi !
BRONZINO, à part, avec étonnement.
Et moi je n'y suis plus !..
(S'éloignant de Stenio.)
Serait-ce vraiment lui ?

ENSEMBLE.

NIZZA.
C'est lui, etc.
CASTRUCCIO.
De lui je suis maître, etc.
BRONZINO.
Je me sens renaître, etc.
RIPARDA, regardant Stenio.
Qui donc peut-il être? etc.

(Riparda offre sa main à Lucrezia et rentre au palais avec elle. — Castruccio donne l'ordre d'arrêter Stenio, puis il remet à Bronzino, qui s'approche de lui, une bourse pleine d'or, pendant que Nizza, désespérée, suit des yeux Stenio, que l'on entraîne. — La toile tombe.)

FIN DU PREMIER ACTE.

ACTE II.

Le théâtre représente l'intérieur d'une tour servant de prison.—Une grille au fond ; à gauche, un escalier et une porte conduisant au cachot où est renfermé Stenio. A droite, sur le second plan, le logement du geôlier ; sur le premier plan, une porte communiquant au palais du gouverneur.

SCÈNE I.
NIZZA.

(Sortant du logement du geôlier, à droite. — Elle va écouter à gauche, à la porte du cachot de Stenio.)

RÉCITATIF.

Dans ce sombre cachot, dont mon père est geôlier,
Celui que j'aime, souffre et languit prisonnier !

CANTABILE.

O rêve heureux ! joie insensée !
Doux espoir dont je m'enivrais,
Éloignez-vous de ma pensée...
Il m'a trompée !.. et je l'aimais !
Ah ! je pouvais l'aimer sans honte,
Je le croyais pauvre et sans bien,
Mais un seigneur !.. un noble comte !
Ah ! pour mon cœur, il n'est plus rien !
O rêve heureux ! joie insensée, etc.

CAVATINE.

O douleur nouvelle !
Malgré moi, fidèle,
Son danger rappelle
L'amour en mon cœur !
La mort le menace,
Son crime s'efface,
Et pour moi, sa grace
Est dans son malheur !
Peut-il encore être coupable,
Quand, dans l'instant, il va périr !
Sauve ses jours, Dieu secourable,
Dût-il encore me trahir...
Dût-il me tromper... et me fuir...
O douleur nouvelle,
Malgré moi, fidèle, etc.

SCÈNE II.
LE MARQUIS DE RIPARDA et CASTRUCCIO.

(Sortant de la porte à droite. — Le geôlier qui est sorti de la seconde porte à droite, vient au-devant d'eux.—Castruccio lui fait signe d'amener devant lui, le prisonnier. — Le geôlier ordonne à Nizza, sa fille, de rentrer dans son logis. — Puis il ouvre la porte du cachot dans lequel il entre quelques instans, et disparaît.)

RIPARDA, pendant ce temps et montrant à Castruccio la première porte à droite, par laquelle ils sont entrés.

Ainsi donc, au palais, cette tour communique ?

CASTRUCCIO.

De mes prédécesseurs, mesure politique !

RIPARDA, souriant.

Soin commode et prudent,
Et vous voulez que je vous accompagne,
Monseigneur.

CASTRUCCIO.

Eh oui, vraiment !
Vous, Monsieur l'envoyé d'Espagne,
Vous, qui connaissez ce brigand.

RIPARDA, avec indignation.

Un brigand !.. lui ?

CASTRUCCIO.

C'est tout comme !
Il servit tour-à-tour, Milan, Venise et Rome,
Et pour tous les partis, du reste indifférent !
Ce chef aventureux, ce hardi condottière,
Se bat pour qui le paye...

RIPARDA.

Et, fidèle au salaire,
Donne son bras, son sang, sa vie....

CASTRUCCIO.
　　　　　　　　　　Au plus offrant !
Mais je vais m'enrichir par sa mort qui s'apprête!
　　　　RIPARDA, souriant.　　　　　chand,
Comme lui, Monseigneur, vous vous faites mar-
Car il vend son épée, et vous vendez sa tête!
　　　　　　CASTRUCCIO.
C'est de droit!
　　(Apercevant Stenio, qui sort, précédé du geôlier,
　　　　　　　　de son cachot.)
　　　　　　　Avec vous, pour prévoir le danger,
Sur ces desseins secrets, je veux l'interroger.
　　　　　(Il fait signe au geôlier, de sortir.)

SCÈNE III.
RIPARDA, STENIO, CASTRUCCIO.

TRIO.

STENIO, à part.
Bravant le sort qui m'est contraire,
Je l'ai promis! je dois me taire,
Oui, par le ciel, je l'ai juré,
Et mon serment, je le tiendrai!
　　　RIPARDA.
Quel est ce jeune téméraire?
Il faut pénétrer ce mystère,
Lorsqu'à ma place, il s'est livré,
Quel fut son but?.. je le saurai.
　　　CASTRUCCIO.
Voilà donc ce chef téméraire,
Ce redoutable condottière,
Pour moi, bonheur inespéré,
Entre mes mains, il s'est livré.
C'est vous qui nous bravez jusque dans cette ville!
　　RIPARDA, avec intention et le regardant.
　C'est donc bien vous, comte Carmagnola?
　　　　　STENIO.
Oui, c'est moi, je l'ai dit... le doute est inutile.
　　　　RIPARDA, à part.
A merveille!
　　　　　CASTRUCCIO.
　　　En nos murs quel dessein vous guida?
　　　　　RIPARDA.
Parlez?
　　　　　STENIO.
　　　Je n'ai rien vous dire!
　　　　　CASTRUCCIO.
J'ai su vous deviner!.. galant audacieux!
　C'est l'amour qui vous inspire!
　　　　STENIO, troublé.
L'amour!.. ô ciel!
　　　RIPARDA, à part, l'examinant toujours.
　　　　　　　　Serait-ce un amoureux?
　　　　　　CASTRUCCIO.
On connaît vos projets, mais ma femme est fidèle!

STENIO, étonné.
Moi! votre femme?
　　　　RIPARDA, à part.
　　　　　　Alors, ce n'est pas d'elle
Qu'il est épris!
　　　　CASTRUCCIO.
　　　Quel but, alors guida vos pas?
Êtes-vous seul?
　　　　RIPARDA.
　　Avez-vous des complices?
　　　　CASTRUCCIO.
Quelques-uns de ces fiers et farouches soldats,
Prêts à braver pour vous, la mort et les supplices.
　　　　RIPARDA.
Répondez-nous?
　　　　CASTRUCCIO.
Parlez!
　　　　STENIO.
　　　Je ne parlerai pas!

ENSEMBLE.

RIPARDA.
Quel est ce jeune téméraire,
Il faut pénétrer ce mystère, etc.

STENIO.
Bravant le sort qui m'est contraire,
Je l'ai promis, je dois me taire, etc.

CASTRUCCIO.
Voilà donc ce chef téméraire,
Ce redoutable condottière, etc.

CASTRUCCIO.
Ainsi donc, il s'obstine à garder le silence...
C'est mal!
　　　RIPARDA, bas à Stenio.
　C'est bien!
　　　STENIO, étonné, et à part.
　　　　Que dit-il?
　　　RIPARDA, de même.
　　　　　　C'est très bien!
　　　　CASTRUCCIO.
En te taisant, redoute ma vengeance,
Tu risque tout.
　　RIPARDA, de l'autre côté et à voix basse.
　　　　Non, tu ne risques rien!
　　　　CASTRUCCIO.
Si tes trames par toi, ne sont pas déclarées,
Je t'immole à l'instant!
　　　RIPARDA, de même.
　　　　　　Moi, je sauve tes jours!
　　　　CASTRUCCIO.
Et ta mort...
　　　RIPARDA, de même.
　　　Ta fortune...
　　CASTRUCCIO et RIPARDA, à haute voix.
　　　　　　　Ici sont assurées!

CASTRUCCIO.
Oui, perdu pour jamais.
RIPARDA, à voix basse.
Enrichi pour toujours !

ENSEMBLE.

RIPARDA, à voix haute.
Crois en notre promesse,
(A voix basse.)
Sois discret et prudent.
A toi, gloire et richesse
La fortune t'attend !
STENIO, à part.
O trouble qui m'oppresse
(Les regardant tour à tour.)
Interdit et tremblant
De leur double promesse
Que croire en ce moment ?
CASTRUCCIO.
Crois en notre promesse,
Réponds-nous à l'instant,
Ou ma main vengeresse,
Signe ton châtiment.

RIPARDA, passant près de Castruccio, et à demi-voix.
Où la menace est inutile
Il est d'autres moyens !.. par l'or et les honneurs,
Laissez-moi le gagner !
CASTRUCCIO, de même.
C'est d'un esprit habile !
Essayez !
(Il s'éloigne de quelques pas au fond de la cour.)
RIPARDA, s'approchant de Stenio.
Quels que soient tes projets imposteurs,
Je les approuve !
STENIO, à part, avec étonnement.
O ciel !
RIPARDA.
Oui, sois encore
Jusqu'à ce soir Carmagnola,
Alors c'est lui qui te rendra
Libre et riche !.. car il honore
Les braves !.. et voici d'abord
De sa part cette bourse d'or.
STENIO, interdit.
Comment ?..
RIPARDA, vivement.
Prends en silence !
CASTRUCCIO, redescendant le théâtre et s'adressant à Riparda.
Eh bien !
RIPARDA, froidement et montrant Stenio.
De lui j'espère !..
(Avec intention.)
Il doit m'avoir compris !

CASTRUCCIO.
Eh ! oui la chose est claire !
RIPARDA, bas, à Stenio.
Si tu parles... la mort !
CASTRUCCIO, à Stenio.
Si tu te tais... la mort !

ENSEMBLE.

RIPARDA, à voix haute.
Crois en notre promesse, etc.
STENIO.
O trouble qui m'oppresse, etc.
CASTRUCCIO.
Crois en notre promesse, etc.

(Castruccio et Riparda rentrent par la porte, à droite, l'un en faisant des menaces et l'autre en adressant des signes d'intelligence à Stenio.)

SCÈNE IV.

STENIO, seul.

O surprise !.. ô merveille !
La fortune... ou la mort !
Je ne sais si je veille
Ou si je rêve encor.
Dans ma détresse
Et mon effroi,
O ma maîtresse
Veille sur moi !
Pour épouser celle que j'aime,
(Regardant la bourse que Riparda lui a donnée.)
Voilà plus d'or qu'il n'en faudrait,
Courons près d'elle à l'instant même
Révéler ce fatal secret...
(S'arrêtant.)
Mais j'ai juré de garder le silence,
Puis il l'a dit : Soit discret et prudent
La fortune t'attend !
Et déjà j'en ressens la secrète influence...
Oui, oui... c'est de l'or... de l'or !
Je ne sais si je veille ou si je rêve encor !
Dans ma détresse
Et mon effroi
O ma maîtresse
Veille sur moi !

SCÈNE V.

STENIO, NIZZA, sortant de la seconde porte à droite, le logement du geôlier et apportant au prisonnier une cruche d'eau et du pain qu'elle pose sur la table.

STENIO, avec joie.
C'est elle !..

NIZZA, à part, s'avançant en tremblant.
Ah! je frémis tant mon cœur est ému!
STENIO, à part.
L'ange que j'implorais m'aurait-il entendu?

DUO.

C'est vous mon ange tutélaire
NIZZA, le regardant avec douleur.
Grand Dieu! quelle était mon erreur?
STENIO, s'avançant vers elle.
Je revois celle qui m'est chère!
NIZZA, s'éloignant.
Ah! vous m'abusiez, Monseigneur!
STENIO.
Non, de la même ardeur,
Je t'aime!
Et veux pour seul bonheur
Ton cœur!
NIZZA.
Votre voix, Monseigneur
Blasphême!
Et je méprise un cœur
Trompeur.
Quand votre amour savait me plaire,
J'ignorais votre nom, hélas!
Mais ce terrible condottière
Qui sème en tous lieux le trépas
Carmagnola!..
STENIO, vivement.
Si je ne l'étais pas?..
NIZZA, de même.
Que dites-vous? parlez?
STENIO, s'arrêtant.
Ah! je ne le puis pas!
Non, non... je ne puis pas!

ENSEMBLE.

STENIO.
Mais de la même ardeur
Je t'aime, etc.
NIZZA.
Ah! pour moi quelle erreur
Extrême
Non, non, gardez ce cœur
Trompeur.

NIZZA.
En attendant, chacun répète
Que l'on vient de vous condamner,
Que votre mort hélas! s'apprête,
Qu'au supplice on va vous traîner!
STENIO.
Et dans l'instant où la mort me menace
Quoi votre cœur à repoussé ma grace
Et garde son courroux?
NIZZA.
Plût au ciel!

STENIO.
Et pourquoi?..
NIZZA.
Car je tremble pour vous!

ENSEMBLE.

Ah! pour moi quelle ivresse!
Ma détresse
N'a pu bannir encor,
Sa tendresse;
Toi, dont la voix console
Merci, ma douce idole
Vienne à présent la mort
Je bénirai mon sort!

NIZZA.
Oui dans votre détresse
Mon cœur vous garde encor
Même tendresse.
STENIO.
Ah! c'en est fait, je cède à sa douce influence!

SCÈNE VI.

LES MÊMES, RIPARDA, CASTRUCCIO.

STENIO, voyant entrer Riparda, Castruccio et
quelques personnes de leur suite.
Je dirai tout pour l'obtenir!
RIPARDA, le retenant, et à voix basse.
Pour la perdre!.. Patience!
Et je promets de vous unir.
CASTRUCCIO, entouré de plusieurs conseillers vêtus
de noir, et montrant Stenio.
A sa mort, tous retards deviennent impossibles!
On dit que de leur chef, apprenant le danger,
Tous ces condottieri, ces brigands si terribles,
Par un serment de mort, viennent de s'engager
A le délivrer!..
NIZZA, à part.
Ciel!
RIPARDA, froidement.
Ils en sont bien capables!
CASTRUCCIO.
Mes conseillers, alors, ont dicté cet arrêt
Que j'ai signé.
NIZZA.
Grands dieux!
RIPARDA, à Castruccio, froidement.
Et vous avez bien fait,
Car ces condottieri sont des gens redoutables!
CASTRUCCIO.
On dit, que déguisés, plusieurs de ces bandits,
Se sont déjà dans nos murs introduits!
RIPARDA.
Nous saurons déjouer tous ces projets coupables,
Ne craignez rien!

CASTRUCCIO.

Jamais on ne m'intimida !
Mais ma femme... jamais on n'eut frayeurs sem-
(blables !)
Au seul nom de Carmagnola,
Prête à s'évanouir...

RIPARDA, vivement.

Ah ! bientôt, je l'espère,
Par nos soins, en son cœur, le calme renaîtra !
Pour m'informer d'une santé si chère,
Je cours et je reviens !

(Il sort par la porte à droite.)

SCÈNE VII.

LES MÊMES, excepté RIPARDA.

CASTRUCCIO, à Stenio.

Pour vous, voici l'instant !
Un autre soin, Monseigneur, vous réclame,
Au ciel, recommandez votre âme !
Car l'heure sonne, et la mort vous attend !

(On entend un chant religieux, en dehors de la grille.)

CHOEUR, en dehors.

Jour de colère et de justice !
Il va paraître devant vous...
O Dieu puissant !.. que son supplice
Désarme enfin votre courroux !

TOUS.

Qu'entends-je ?

CASTRUCCIO.

Pour remplir un saint et digne office,
Les moines du prochain couvent,
Viennent chercher le pénitent
Pour l'accompagner au supplice !

(Au geôlier.)
Ouvrez-leur...

(On ouvre la grille.)

SCÈNE VIII.

LES MÊMES, DES MOINES, couverts de leur robe et de leur capuchon, entrent, deux par deux, referment la grille et se placent en demi-cercle au fond du théâtre.

CHOEUR.

Jour de colère et de justice,
Il va paraître, etc.

CASTRUCCIO.

Moines, priez pour lui.. car son trépas s'apprête !

CHOEUR DE MOINES.

Prions pour toi, d'abord !

(Tous les moines laissent tomber leur robe et leur capuchon ; plusieurs, armés de mousquets, couchent en joue Castruccio et ses conseillers, qui tombent à genoux, tandis que d'autres condottieri tiennent le poignard levé sur leur tête.)

CASTRUCCIO, à genoux.

O ciel !

NIZZA, effrayée, et se retirant près de Stenio.

Jésus ! Maria !

CHOEUR DE CONDOTTIERI, à Castruccio.

Il nous faut notre chef, Pietro Carmagnola !
Il nous le faut... il y va de ta tête !..

CASTRUCCIO, tremblant.

Eh bien ! seigneurs condottieri,
(Montrant Stenio.)
Prenez... je vous le rends !

TOUS LES CONDOTTIERI, entourant Stenio, et le regardant.

Non ! non... ce n'est pas lui !..

CASTRUCCIO, avec terreur.

Ce n'est pas lui !..

NIZZA, avec joie.

Ce n'est pas lui !
O bonheur !..

CASTRUCCIO.

O terreur !..

TOUS LES CONDOTTIERI.

Trahison ! perfidie !
Il y va de ta vie !

ENSEMBLE.

CHOEUR DE CONDOTTIERI.

Notre chef... tu nous le rendras...
Crains notre vengeance et nos bras !
Où donc est-il ?.. tu parleras !..
Réponds ! réponds ! ou le trépas !..

CASTRUCCIO et ses CONSEILLERS, à genoux.

Messieurs, je ne le connais pas !
Où donc a-t-il porté ses pas ?
Je fus trompé, moi-même, hélas !
Messieurs, sauvez-moi du trépas !

TOUS.

Où donc est-il ?

RIPARDA, sortant de la première porte à droite.

Le voici !..

TOUS LES CONDOTTIERI, courant à lui, et l'entourant.

Ah ! c'est lui !.. c'est bien lui !..

CASTRUCCIO, NIZZA, STENIO et les CONSEILLERS.

Oh ! ciel !

CARMAGNOLA, donnant la main à ses condottieri.

Merci ! camarades, merci !

CHOEUR DE CONDOTTIERI.

C'est notre espérance !
C'est notre héros !
Lui, dont la vaillance,
Guide nos drapeaux !

Oui, par la victoire,
Il nous appartient!
(A Carmagnola, qu'ils entourent.)
Reviens... et la gloire
Avec toi revient!

CARMAGNOLA, à Castruccio.

Ce poignard et ce bras, dont on connaît l'audace,
(Montrant Stenio.)
L'ont forcé de se taire, et de prendre ma place!
Pardonne-lui...
(S'approchant de Nizza et de Stenio, à voix basse.)
Vous, soyez mes amis,
Riches, libres, heureux! je vous l'avais promis!
(A voix haute, à Castruccio.)
Quant à vous, Monseigneur, ici je vous rends grâce
De votre accueil!

CASTRUCCIO, à part.
C'était lui... j'en frémis...

CARMAGNOLA.
Pour m'éloigner, à quoi bon tant de peine...
Je vous avais promis de quitter ces remparts...
Lorsqu'à mes vœux, moins inhumaine...

CASTRUCCIO, tremblant.
Ma femme!.. O ciel!

CARMAGNOLA, souriant.
Adieu! je pars!..

CHOEUR DES CONDOTTIERI.
C'est notre espérance,
C'est notre héros!
Lui, dont la vaillance,
Guide nos drapeaux!
Oui, par la victoire,
Il nous appartient...
(L'entraînant.)
Partons, et la gloire,
Avec lui, revient!..

FIN.

En vente chez le même Éditeur :

LES DIAMANS DE LA COURONNE, opéra-comique en 3 actes, paroles de MM. Scribe, de l'Académie française, et de Saint-Georges, musique de M. Auber. Prix :   60 c.

Imprimerie de Mme DE LACOMBE, rue d'Enghien, 12.

www.ingramcontent.com/pod-product-compliance
Lightning Source LLC
Chambersburg PA
CBHW071422060426
42450CB00009BA/1971